Hulul
et compagnie

Loi numéro 49 956 du 16 juillet 1949 sur les publications
destinées à la jeunesse : septembre 2001
Dépôt légal : février 2002
Imprimé en France par Mame Imprimeurs à Tours

Arnold Lobel

Hulul
et compagnie

Trente contes illustrés

traduits de l'américain par Adolphe Chagot

l'école des loisirs
11, rue de Sèvres, Paris 6e

Du dessert dans les épinards

Un petit garçon de sept ans regarde les autres jouer depuis la terrasse de l'hôpital qui domine la cour de son école. Il est seul. Il est malade. Il attend. Il est là depuis des mois, et pour des mois encore. Il s'appelle Arnold Lobel.

La vie ne lui a pas fait beaucoup de cadeaux jusqu'à présent. Quand il avait six mois, ses parents ont divorcé. Il a quitté la région d'Hollywood où son père était parti chercher fortune pour revenir vivre avec sa mère chez ses grands-parents maternels.

Leur maison de Schenectady est vaste, branlante, pleine de vieux buffets et de fauteuils bien rembourrés. La maman d'Arnold travaille au loin toute la journée. C'est sa grand-mère qui l'élève.

Un jour qu'il était sorti jouer dans la neige, Arnold est rentré avec les pieds trempés. Le gros rhume a tourné en otite, l'otite en mastoïdite, il a fallu opérer. Six mois d'hôpital plus six mois de convalescence. Arnold compte les jours. Il ignore que le pire est encore à venir.

On voudrait pouvoir lancer un avis de recherche, un « Perdu de vue » spécial école de Schenectady, État de New York, *third grade*, année 1941, et s'adresser ainsi aux anciens camarades d'Arnold : « Vous qui l'avez traité comme un pestiféré quand il est revenu. Vous qui vous êtes moqués de lui. Vous qui l'avez dévisagé, mis en quarantaine, frappé. Vous qui avez rendu son âme triste à en mourir. Son âme de huit ans. Sachez que les enfants du monde entier vouent à votre bêtise et à votre méchanceté une reconnaissance éternelle. On vous pardonne, imbéciles, parce que vous ne saviez pas ce que vous faisiez. Parce que l'imagination n'était pas votre fort. C'était le sien. C'était son arme, la seule qu'il avait. Celle qu'il a dû fourbir pour vous séduire et vous reconquérir. »

Un jour, le maître demande : « Quelqu'un aimerait-il raconter une histoire ? » Arnold lève le doigt. Les autres s'esclaffent. Lui, le débile ? Une histoire ? Lui, le taré qui ne sait même pas écrire en cursive mais qui continue à tamponner ses lettres comme un bébé ? Ils ricanent quand il quitte son banc pour venir à l'estrade. Ils ricanent quand il commence. Ils ricanent, et puis ils rient, et puis se taisent. Arnold parle bien. Il s'est nourri d'histoires depuis toujours. Celles des livres qu'il emprunte chaque quinzaine à la bibliothèque par lots de cinq. Celles de la grande vieille maison de famille. Celles des plantes et des bêtes du jardin de son grand-père. Il invente, personnages, dialogues, péripéties. Il attrape une craie et dessine au tableau noir. À la fin, la classe entière, captivée, éclate en applaudissements. Un pauvre diable est arrivé à l'école ce matin. Mais c'est un monstre sacré qui sort de la cour ce soir-là.

Le maître et les élèves ne cesseront plus de réclamer des histoires à Arnold. Et Arnold se venge. Il est si talentueux, si convaincant qu'il leur fait gober n'importe quoi, que pendant toute son enfance à Hollywood, ses meilleures copines s'appelaient Judy Garland et Shirley Temple. Il laisse entendre qu'elles étaient amoureuses. Peut-être le croit-il lui-même. C'est son lot de consolation.

À la maison, il parfait ses inventions en les jouant sur un petit théâtre installé dans la cave. Il les alimente grâce aux films d'épouvante, *Frankenstein, La Momie, Le Loup-Garou*, aux feuilletons radiophoniques, aux lectures. L'adolescence arrive. Arnold redevient solitaire. Il a honte de raconter. Mais il continue à faire du théâtre, à lire des piles d'illustrés, à étudier de près la construction des histoires et des dessins. Il entre au *Pratt Institute* à Brooklyn, réputé pour son enseignement artistique comme pour sa tradition d'agence matrimoniale : son diplôme en poche en 1955, Arnold épouse Anita Kempler, rencontrée au club théâtre de l'école, qui lui donne deux enfants, Adrianna et Adam. Il trouve un travail de dessinateur de presse, mais ne s'y sent pas à sa place. Ce qu'il veut vraiment, il le sait : illustrer des livres, les mêmes que ceux qu'il aime tant lire. La première fois qu'il tâche de dessiner une sauterelle, elle ressemble à un lapin vert. Il recommence, encore et encore, pendant cinq ans. Et enfin, un matin de pluie de 1959, Susan Hirschman, éditrice chez Harper and Row, apprécie son croquis d'un cricket. « Pourriez-vous dessiner un saumon ? – Je ne fais que ça ! » répond Lobel. Il est engagé, illustre de tout, documentaires, contes, poèmes, tout en rêvant à ses propres histoires. « Vous écrivez, aussi ? » s'étonne sa patronne le jour où il lui apporte *Un zoo pour Mister Muster*, une histoire d'animaux qui s'en vont voir des humains. Ce sera son premier livre. Le deuxième gagne un prix décerné par le *New York Times*. Tout au long de sa courte carrière, il sera fêté et récompensé.

« L'un des secrets des bons livres pour enfants », dit-il, « c'est que personne ne peut écrire de livres pour enfants. On doit écrire des livres pour soi-même et sur soi-même. » Et c'est ce qu'il fait. Dans la douleur. « S'asseoir sur une chaise avec un carnet ouvert sur les genoux et attendre que quelque chose – ou rien – arrive, ce n'est pas l'idée que je me fais du plaisir », avoue-t-il. Il s'assoit pourtant tous les jours, à heures fixes, à la table de dessin qu'il partage avec Anita, une vieille porte retournée, mâchouille un feutre un bon moment, puis quand le soleil se couche, remplace le feutre par un cigare. « L'écriture, ce sont les épinards », dit-il encore. « Le dessin, c'est le dessert. » Ce qu'il préfère dessiner, ce sont les animaux. Des animaux qui se comportent comme des humains habillés en animaux. Comme lui-même, sans doute, quand il sort dans son déguisement de gorille adoré que sa fille Adrianna lui a fabriqué pour un Noël. Ce qu'il préfère raconter, c'est l'histoire de personnages qui racontent des histoires. Les histoires sont un remède. Arnold le sait depuis toujours. Les histoires sont des bras tendus, des caresses et des murmures. Les histoires sont des desserts. Les histoires sauvent la vie. Il peuple les siennes de feux de bois, de bons fauteuils, de livres et de bouquets de fleurs, de rondeurs, de douceurs, d'amitiés idylliques. Il s'est senti tellement abandonné qu'il écrit et dessine pour que personne ne se sente abandonné en le lisant.

Arnold Lobel, à l'inverse de tant de pères des années soixante, a vu grandir ses enfants. Il les a emmenés partout, a joué avec eux, infatigablement, mais il ne s'est jamais inspiré de leur vie pour en nourrir ses livres. La seule exception à cette règle fut sans doute le seau plein de grenouilles et de crapauds rapporté par Adam et Adrianna d'une sortie en forêt dans le Vermont qui lui inspira sa paire d'amis *Ranelot et Bufolet*. Mais « quand Ranelot parle à Bufolet », notait-il, « c'est moi qui parle avec moi-même. » Il aimait chanter à tue-tête, sous la douche comme au cours de soirées entre amis, soigner son impressionnante collection de plantes vertes, dialoguer nez à nez avec son chat Orson (baptisé ainsi en hommage à Orson Welles), regarder de vieux Hitchcock ou Fred Astaire en vidéo. Quand Arnold, à cinquante-trois ans, sut qu'il était condamné par la maladie, il dit à un ami : « Si les gens veulent faire quelque chose pour moi, dis-leur de lire mes livres. C'est là qu'ils me trouveront. »

Sophie Chérer

Merci à George Shannon, l'auteur de *Arnold Lobel* (Twayne Publishers, 1989)
pour son aide précieuse et souriante.

Tous les livres rassemblés dans ce volume sont parus à l'origine chez l'éditeur américain HarperCollins
(Harper & Row à l'époque de la parution), dans la collection « I can read ».
Les traductions françaises sont toutes parues à *l'école des loisirs* dans l'ordre suivant :
PORCULUS, traduit par Adolphe Chagot, paru en 1971. Titre de l'édition originale : « Small Pig » (Harper & Row, 1968).

RANELOT ET BUFOLET, traduit par Adolphe Chagot, paru en 1971. Titre de l'édition originale : « Frog and Toad are friends » (Harper & Row, 1970).

Il existe trois autres volumes de Ranelot et Bufolet :
UNE PAIRE D'AMIS, traduit par Adolphe Chagot, paru en 1972. Titre de l'édition originale : « Frog and Toad together » (Harper & Row, 1972).
LES QUATRE SAISONS DE RANELOT ET BUFOLET, traduit par Adolphe Chagot, paru en 1976. Titre de l'édition originale : « Frog and Toad all year » (Harper & Row, 1976).
CINQ NOUVELLES HISTOIRES DE RANELOT ET BUFOLET, traduit par Adolphe Chagot, paru en 1980.
Titre de l'édition originale : « Days with Frog and Toad » (Harper & Row, 1979).

SEPT HISTOIRES DE SOURIS, traduit par Adolphe Chagot, paru en 1974. Titre de l'édition originale : « Mouse Tales » (Harper & Row, 1972).

HULUL, traduit par Adolphe Chagot, paru en 1976. Titre de l'édition originale : « Owl at home » (Harper & Row, 1975).

LA SOUPE À LA SOURIS, traduit par Adolphe Chagot, paru en 1978. Titre de l'édition originale : « Mouse Soup » (Harper & Row, 1977).

ONCLE ÉLÉPHANT, traduit par Adolphe Chagot, paru en 1982. Titre de l'édition originale : « Uncle Elephant » (Harper & Row, 1981).

Sommaire

Sept histoires de souris

« Papa, nous sommes tous couchés, maintenant. Veux-tu nous raconter une histoire ? »
« Je vais faire mieux que cela », répondit Papa Souris à ses souriceaux, « je vais vous en raconter sept, une pour chacun de vous, si vous promettez de bien vous endormir après. »
« Oh, oui ! c'est promis », dirent les souriceaux.
Alors Papa Souris commença ainsi…

Le puits aux souhaits

Un jour une souris entendit parler d'un drôle de puits :
en y jetant une pièce de monnaie, on obtenait ce qu'on lui demandait.
« Quelle chance ! » dit la souris, « je vais avoir tout ce que je voudrai ! »
Elle alla au puits, y jeta une pièce de un franc et fit un souhait.
« Aïe ! » dit le puits, comme si on lui avait fait mal.

Le lendemain, la souris recommença. Elle jeta dans le puits une pièce de un franc et fit un souhait.
« Aïe ! » dit encore le puits, comme si on l'avait battu.

Le jour suivant, la souris retourna au puits.
Elle y jeta une nouvelle pièce. « Je souhaite », dit-elle, « que ce puits ne dise pas encore : Aïe ! »
Mais le puits dit : « Aïe ! vous ne comprenez donc pas que vous me faites mal ? »
« Que faire ? » se demanda la souris.

« Ce n'est sûrement pas de cette manière que mes souhaits se réaliseront. »
Elle courut chez elle, prit l'oreiller de son lit et l'emporta.
« Ça doit pouvoir servir », dit-elle, et, en se dépêchant, elle retourna au puits.

Elle jeta l'oreiller dans le puits. Elle jeta ensuite sur l'oreiller une pièce de un franc en faisant un souhait.
« Ah, comme ça », dit le puits, « c'est beaucoup mieux et ça ne me fait plus mal ! »

« Bon ! » dit la souris. « Maintenant, je vais pouvoir faire des souhaits. »
Et, depuis ce jour, la souris veille bien à ne pas faire souffrir le puits.
Et le puits lui accorde tout ce qu'elle lui demande.

Nuages

Un jour, un souriceau se promenait avec sa maman. Ils étaient montés sur une colline et regardaient le ciel.
« Regarde », dit la mère, « les nuages font comme des images. »
En effet, le souriceau et sa mère voyaient beaucoup d'images dans les nuages.

Ils voyaient un château…

un lapin…

…une souris.

« Je vais cueillir quelques fleurs », dit la mère au bout d'un moment. « Moi », dit le souriceau, « je vais rester ici et regarder les nuages. » Il vit dans le ciel un énorme nuage qui devenait de plus en plus gros.
Le nuage devenait un chat qui approchait de plus en plus du souriceau.
« Maman ! Au secours ! » cria le souriceau… en courant vers sa mère. « Il y a un gros chat dans le ciel. J'ai peur ! »

La maman regarda le ciel. « N'aie pas peur ! » dit-elle, « tu vois bien que le chat est redevenu un nuage. »

Le souriceau vit que c'était vrai et se sentit plus tranquille. Il aida sa mère à cueillir des fleurs, mais, jusqu'au soir, plus une seule fois il ne se risqua à regarder le ciel.

Grand-Pierre et Petit-Jean

Grand-Pierre et Petit-Jean étaient deux bons amis. Grand-Pierre était très grand, Petit-Jean, très petit.

Quand ils se rencontraient Grand-Pierre disait :

« Salut, Petit-Jean ! » et Petit-Jean répondait : « Salut, Grand-Pierre ! »

Les deux amis allaient souvent se promener ensemble.

Et, tout en marchant, Grand-Pierre disait :

« Salut, oiseaux ! » Petit-Jean, lui, disait :

« Salut, coccinelles ! »

S'ils passaient près d'un jardin, Grand-Pierre disait :
« Regarde ces grandes fleurs ! » et Petit-Jean s'écriait :
« Oh ! les jolies petites racines ! »

En passant devant une maison Grand-Pierre remarquait toujours le toit. Petit-Jean, lui, faisait attention au dallage.

Un jour, les deux amis furent surpris par un orage.
« Quelle averse ! » dit Grand-Pierre.

« Regarde comme le ciel est noir ! »
« Oui », répondit Petit-Jean. « Mais prends garde aux flaques. »
Ils coururent à la maison pour se sécher.
« On est bien, les pieds au sec », déclara Petit-Jean.

« Et la tête à l'abri », ajouta Grand-Pierre.
Quand l'orage cessa, Grand-Pierre aperçut un arc-en-ciel.

Il entraîna Petit-Jean vers la fenêtre… et le souleva pour que Petit-Jean puisse voir.
Alors, pour la première fois, ils virent ensemble la même chose.

La souris et les vents

Un jour, un souriceau sortit en bateau, mais il n'y avait pas de vent et le bateau n'avançait pas.

« Vent ! » s'écria le souriceau, « descends vite, et pousse mon bateau de l'autre côté du lac ! »

« J'arrive », dit le vent d'ouest.
Et il souffla tant et si bien que le souriceau et le bateau s'envolèrent…

… et atterrirent sur le toit d'une maison.

« Vent ! » s'écria le souriceau, « descends vite et dégage mon bateau de cette maison. »
« J'arrive », dit le vent d'est.

Il souffla, souffla si fort, que le souriceau avec son bateau et la maison s'envolèrent…

… et atterrirent sur la cime d'un arbre.
« Vent ! » s'écria le souriceau, « descends vite, et dégage mon bateau de cette maison et de cet arbre. »

« J'arrive », dit le vent du sud.
Et il souffla fort, si fort que le souriceau, avec son bateau, la maison et l'arbre s'envolèrent…

… et atterrirent
au sommet
d'une montagne.

« Vent ! » s'écria le souriceau, « descends vite,

et dégage mon bateau de cette maison et de cet arbre, et de cette montagne ! »
« J'arrive », dit le vent du nord.
Et il souffla très fort, si fort que le souriceau, avec son bateau, la maison, l'arbre et la montagne s'envolèrent…
et retombèrent dans le lac.

La montagne s'y enfonça et devint une île.

L'arbre se planta dans l'île et se couvrit de fleurs éclatantes. La maison atterrit tout près de l'arbre.

Une dame ouvrit la fenêtre, regarda au-dehors et dit : « On est très bien ici. C'est charmant ! »
Mais la brise se mit à souffler,

et le souriceau s'éloigna à toutes voiles.

Le voyage

Il y avait un souriceau  qui voulait aller voir sa mère. 

Il acheta donc une auto et se mit en route pour la maison de sa mère.  Il roula,  roula,  roula,  jusqu'à ce que l'auto tombe  en morceaux. Mais au bord de la route il y avait un marchand de patins à roulettes. 

Le souriceau acheta une paire de patins et les fixa à ses pieds. 

Il roula,  roula,  roula,  jusqu'à en perdre  ses patins. Mais au bord de la route il y avait quelqu'un qui vendait des bottes. 

Le souriceau acheta une paire  de bottes et les chaussa.

Il marcha,  marcha,  marcha, 

jusqu'à ce que les semelles soient toutes percées. 

Mais au bord de la route il y avait  quelqu'un

qui vendait des chaussures de basket. 

Aussitôt le souriceau en acheta une paire. Il les mit 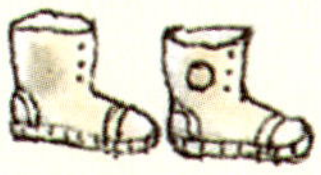

et courut,  courut,  courut, 

jusqu'à ce qu'elles soient usées.

Alors le souriceau se déchaussa 

et marcha,  marcha,  marcha… 

jusqu'à avoir si mal aux pieds qu'il ne pouvait plus

avancer.  Mais au bord de la route il y avait 

quelqu'un qui vendait des pieds. 

Le souriceau abandonna ses vieux pieds 

et en prit deux tout neufs. Il courut  tout le reste du

chemin vers la maison  de sa mère.

Quand il y arriva sa mère fut ravie de le voir. 

Elle le serra  contre elle  et l'embrassa,

puis elle dit : « Bonjour, mon enfant, tu as bonne mine !

Comme ils sont jolis, ces pieds tout neufs ! »

Le Père La Souris

Le vieux Père La Souris allait tous les jours se promener en ville. Il n'aimait pas les enfants. Quand il en rencontrait dans la rue, il leur criait :

« Allez-vous-en, vilains garnements ! »

Un jour, comme d'habitude, il faisait sa petite promenade, quand il perdit soudain tous les boutons qui tenaient les bretelles de son pantalon.

Des dames passaient par là.
« À l'aide, au secours ! » cria le Père La Souris.
Mais les dames furent scandalisées :
« C'est affreux ! Votre pantalon est tombé ! »
Et elles s'éloignèrent à toute vitesse.
Le Père La Souris courut chez lui et appela à l'aide. Mais sa femme lui répondit :
« Tu as l'air d'un imbécile à te promener en caleçon. »
Et elle lui donna un bon coup sur la tête.

Le Père La Souris en pleura de douleur. Des gamins passaient par là.

« Pauvre vieux grand-père », dirent-ils, « nous allons t'aider ; voilà du chewing-gum pour retenir ton pantalon. »

« C'est vrai ! » dit le Père La Souris. « Mon pantalon tient bien maintenant. Ce chewing-gum est extraordinaire. Mon pantalon ne tombera plus jamais. »

En effet, son pantalon ne tomba plus jamais. Et, par la suite, le Père La Souris fut gentil avec les enfants.

Le bain

Il y avait une fois une souris qui était toute sale.
Elle prit donc un bain.

L'eau coula et remplit la baignoire.

Mais la souris était toujours sale. Elle laissa l'eau couler sur le dallage.

L'eau remplit la salle de bains ;
mais la souris était toujours sale.

Elle laissa l'eau s'écouler au-dehors, par la fenêtre.

L'eau coula tellement qu'elle se répandit dans la rue.
Mais la souris était toujours sale. Elle laissa donc l'eau
s'engouffrer par la porte de la maison voisine.

Dans cette maison, les habitants criaient :
« Fermez donc l'eau ! Nous avons déjà pris notre bain ce matin ! »

Mais la souris était toujours sale ; et elle continua à laisser couler l'eau qui inonda toute la ville. Les habitants criaient :
« Mais enfin, fermez l'eau ! Vous êtes parfaitement propre, maintenant. »

« Vous avez raison », dit la souris, « maintenant, je suis propre. »

Alors elle ferma l'eau. Mais la ville était inondée.

Pourtant la souris ne s'en inquiéta pas. Elle se frotta avec une grande serviette jusqu'à ce qu'elle soit bien sèche. Alors, elle se coucha et elle s'endormit bien tranquille.

« Est-ce que tout le monde est bien endormi ? » demanda Papa.
Pas de réponse. Les sept souriceaux commençaient à ronfler.
« Bonne nuit à tous, mes petits », dit Papa. « Dormez bien. À demain matin. »
Et dans la maison silencieuse où les souriceaux dormaient calmement, les parents, au coin du feu, burent leur tasse de tilleul avant d'aller dormir, eux aussi.

Porculus

Porculus est un beau petit goret,
tout gras et tout rond.
Il vit dans la porcherie de la ferme.

Il aime manger,

il aime aussi courir à travers la basse-cour

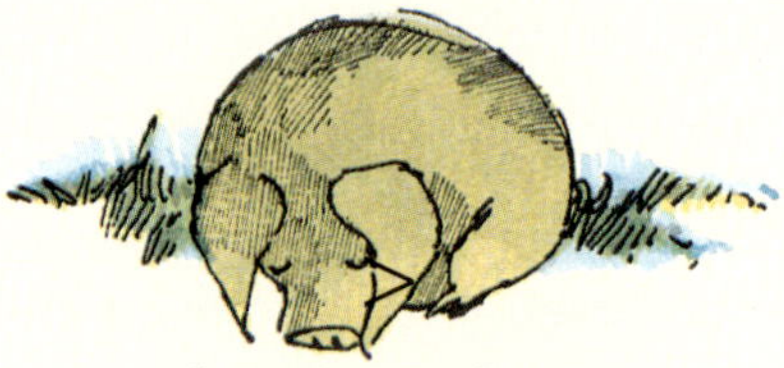

et il aime dormir.

Mais, par-dessus tout, Porculus aime

s'asseoir et s'enfoncer

dans la bonne boue, si douce !

Le fermier et sa femme
aiment beaucoup Porculus.
« Pour nous, tu es
le meilleur cochon
du monde »,
lui disent-ils souvent.

Un beau matin, la fermière décide de nettoyer sa maison.

Et elle la nettoie entièrement du haut en bas.

La maison est maintenant
toute propre. Mais le reste
de la ferme est bien sale
et a grand besoin
d'être nettoyé aussi.
« Au travail ! » dit la fermière.

Elle nettoie la grange, puis l'écurie

et le poulailler.

Elle arrive alors à la porcherie.
« Ciel ! » s'écrie-t-elle. « C'est bien l'endroit le plus sale de tous. »

Elle nettoie donc la porcherie. Et, pour finir, savonne à fond Porculus. « C'est tout de même mieux comme ça », dit-elle.

« Maintenant, tout est propre et reluisant. »
Mais Porculus n'est pas content. « Où est ma bonne boue si douce ? » demande-t-il.
« Je suis désolé », dit le fermier, « mais je crois bien qu'elle est partie ! »

Porculus, lui, est plus que désolé : il est très fâché !
« Cet endroit est trop propre et reluisant pour moi », dit-il.

Et, la nuit venue, il s'enfuit.

Il trouve bientôt un marécage.
« Ah, enfin ! » s'écrie-t-il, « voilà de la bonne boue bien douce. »
Et il s'assoit, puis s'enfonce dans la boue.
« Que c'est agréable ! Comme on est bien ! » murmure-t-il.
Et, tout doucement, il s'endort.

Mais il ne dort pas longtemps. Une libellule vient se cogner à son nez. Puis une grenouille lui saute sur la tête.

Et maintenant, c’est une tortue qui est en train de lui mordre la queue !

« Dis donc, toi, va-t’en de là ! » siffle soudain un gros serpent. « Tu es ici chez nous. Et tu n’as rien à y faire ! »

Porculus s'empresse de quitter ce mauvais coin et se met en route au galop !

Il arrive près d'un tas d'ordures et de débris.

« Ici, c'est vraiment sale », dit-il. « Il doit sûrement y avoir par là de la bonne boue bien douce. »

Et il se met à chercher. Il découvre des bouteilles cassées, de vieux postes de télévision ; il trouve des éviers de cuisine, des boîtes de conserve vides. Mais il ne trouve pas de boue. Il s'installe dans une vieille voiture.

« C’est amusant », dit-il, « mais pas tant que la boue. »
Il se couche dans un fauteuil.
« C’est bien doux, mais ça ne vaut pas la boue. »

Il découvre alors quelque chose qu’il n’aime pas du tout : un aspirateur !
« C’est pour ça qu’il n’y a pas de boue ici ! » grogne-t-il.
Et il reprend sa course.

Au bout de la route,
voici une grande ville.
« Ah, bravo ! » dit Porculus. « Ici, l'air
lui-même est sale. Il doit sûrement y avoir,
tout près, de la bonne boue bien douce. »

Il ne tarde pas à trouver ce qu'il cherche. « Ah ! » dit-il, « enfin de la boue ! »

Alors, il s’assoit et s’enfonce dans la bonne boue, si douce !

Mais que se passe-t-il ?
« Cette boue est bizarre », se dit Porculus. « Ce n’est pas doux du tout et, en réalité, ça devient de plus en plus dur. »

Il essaie bien de se soulever mais il ne peut pas remuer.

Bientôt, quelques passants s'arrêtent et s'étonnent.

Puis des gens de plus en plus nombreux viennent le regarder.

Et d'autres personnes, d'autres encore, arrivent et regardent. Car elles n'ont jamais vu ça : un porc pris dans un trottoir !

Le fermier et sa femme
passent par là dans leur voiture.
« Regarde donc toute cette foule »,
dit le fermier. « Descendons,
et allons voir
ce qui se passe. »
« D'accord », répond sa femme,
« mais faisons vite.
Il nous faut continuer à chercher notre cochon. »
Le fermier arrête sa voiture.
« Qu'est-ce qu'il y a donc ici ? » demande-t-il à un passant.
« Oh ! pas grand-chose », répond celui-ci.
« Ce n'est qu'un cochon qui est pris dans le trottoir. »
« Ciel ! » s'écrie la femme du fermier. « Mais c'est notre cochon
qui est pris dans ce trottoir ! »
« Appelez la police ! Appelez les pompiers ! »
crie de toutes ses forces le fermier.

Pendant ce temps, tous les habitants de la ville sont venus voir le petit cochon. Les agents cherchent à contenir l'énorme foule.

Les pompiers apportent des instruments
pour briser le trottoir.

« S'il vous plaît », dit la fermière,
« faites bien attention !
Ce cochon est le meilleur
du monde ! »

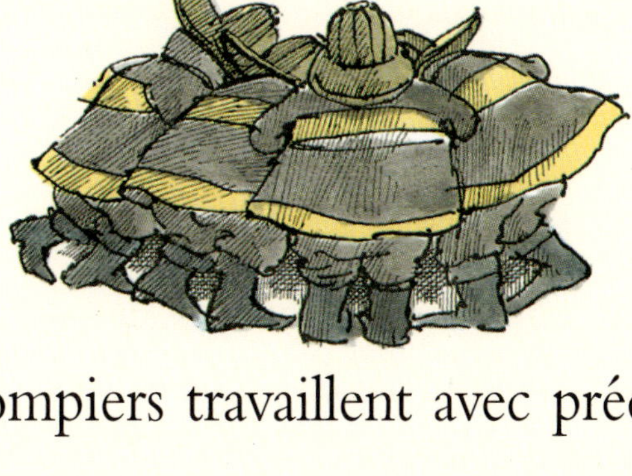

Les pompiers travaillent avec précaution.

Et bientôt, Porculus est libre. Il s'élance dans les bras du fermier et de sa femme.

Tous ensemble, ils retournent à la maison.

Au moment même
où ils arrivent à la ferme,
le ciel s'assombrit et un orage
éclate. Il pleut de plus en plus fort.
« Vois donc », dit le fermier,
« il y a maintenant une belle flaque de boue toute neuve dans la porcherie. »
« Ah ! Celle-là, je promets
de ne jamais la nettoyer ! »
assure la fermière.

Alors, Porculus se précipite
dans la porcherie.

Il commence par souper, puis, il s'assoit…

et, doucement, il s'enfonce…

dans la boue, la bonne boue si douce, si douce.

Ranelot et Bufolet

Le printemps

Ranelot, jeune grenouille, grimpe l'allée qui mène à la maison de Bufolet, son ami le crapaud. Il frappe à la porte : pas de réponse. Il appelle :

« Bufolet ! Bufolet ! Réveille-toi, c'est le printemps ! »

« Ggreuh ! » répond une voix à l'intérieur de la maison.

« Bufolet ! Bufolet ! » reprend Ranelot.

« Le soleil brille, la neige fond. Réveille-toi ! »

« Je ne suis pas là », dit la voix.

Ranelot entre dans la maison. Il y fait sombre. Tous les volets sont fermés.
« Bufolet ! Où es-tu ? » reprend-il.
« Va-t'en ! » dit la voix qui vient d'un coin de la chambre.
Le crapaud est là, couché dans son lit. Il a ramené toutes les couvertures sur sa tête.

Ranelot le pousse hors du lit, puis hors de la maison jusqu'au perron.
Bufolet cligne des yeux sous le grand soleil et s'écrie : « Au secours ! Je n'y vois rien ! »
« Ne sois pas stupide », dit Ranelot.
« Ce que tu vois, c'est la claire et chaude lumière d'avril. Et ça veut dire que nous pouvons commencer à vivre toute une nouvelle année ensemble, Bufolet. Penses-y ! Nous gambaderons à travers prés, nous courrons dans les bois et nagerons dans la rivière.

Le soir venu, nous nous assiérons ici même, sur le perron, et nous compterons les étoiles. »
« Tu les compteras si tu veux, Ranelot », dit Bufolet. « Moi, je trouve ça trop fatigant, je retourne me coucher. »
Et il rentre chez lui. Il se remet au lit, et remonte les couvertures sur la tête.
« Voyons, Bufolet », dit Ranelot, « tu ne vas pas te priver de toutes ces bonnes choses ? »
« Écoute, Ranelot », répond Bufolet,
« Je dors depuis combien de temps ? »
« Tu dors depuis novembre », dit Ranelot.

« Bon ! » dit Bufolet.
« Alors, un peu plus de sommeil ne me fera pas de mal. Tu reviendras me réveiller un peu après la mi-mai. Bonne nuit, Ranelot ! »
« Mais, Bufolet, je vais m'ennuyer tout seul, d'ici là ! » dit Ranelot.
Bufolet ne répond pas. Il s'est endormi.

Ranelot regarde le calendrier pendu au mur. La page de novembre est encore là. Ranelot la déchire. Il déchire aussi la page de décembre, et celle de janvier, celle de février et celle de mars. Il arrive à la page d'avril ; il la déchire aussi. Il court alors vers le lit de Bufolet.

« Bufolet ! Bufolet ! Réveille-toi vite ! Nous sommes en mai maintenant. »
« Que dis-tu ? » grogne Bufolet. « Est-ce possible qu'on soit déjà en mai ? »
« Oui », dit Ranelot, « regarde ton calendrier ! »
Bufolet regarde le calendrier. C'est bien la page de mai qui est là.
« Eh bien ! Nous voilà donc en mai », dit-il en sautant du lit.
Et Ranelot et lui se précipitent au-dehors pour voir comment est le monde au printemps !

La baignade

Ranelot et Bufolet descendent à la rivière.
« Quel beau jour pour se baigner ! » dit Ranelot.
« Oh ! Oui ! » approuve Bufolet. « Je vais aller derrière ces rochers pour passer mon maillot de bain. »
« Je ne mets pas de maillot », déclare Ranelot.
« Fais comme tu veux », dit Bufolet. « Moi, j'en mets un. Mais, quand je l'aurai mis, tu ne me regarderas pas jusqu'à ce que je sois dans l'eau. »
« Pourquoi donc ? » demande Ranelot.

« Parce que », répond Bufolet,
« si tu veux le savoir, j'ai l'air tout drôle avec mon maillot de bain. »
Ranelot ferme donc les yeux lorsque Bufolet, revêtu de son maillot, sort de derrière les rochers et rappelle :
« Surtout, ne triche pas ! »
Et sans plus attendre, les deux amis se jettent à l'eau. Ils nagent tout l'après-midi.
Ranelot nage vite et fait de grosses éclaboussures.
Bufolet nage lentement et fait des éclaboussures plus petites.
Mais une tortue avance le long de la rive.
« Ranelot, dis à cette tortue de s'en aller », demande Bufolet. « Je ne veux pas qu'elle me voie dans mon maillot quand je sortirai de l'eau. »
Ranelot nage jusqu'à la tortue. Il explique : « Tortue, il faut que tu t'en ailles. »
« Ah ! Et pourquoi ? » interroge la tortue.
« Parce que Bufolet croit qu'il a l'air drôle dans son maillot et il ne veut pas que tu le voies », répond Ranelot.

Des lézards sont assis tout près, et demandent :
« Est-ce que, dans son maillot, Bufolet est vraiment drôle ? »
Un serpent sort de l'herbe en rampant et déclare :
« Si Bufolet paraît si drôle, avec son maillot, je serais bien content de le voir aussi ! »

« Nous aussi, nous voulons le voir », disent deux libellules.
« Et moi aussi », ajoute un petit mulot, « il y a si longtemps que je n'ai rien vu de drôle ! »
Ranelot revient vers Bufolet.
« Je suis désolé », dit-il, « mais tout le monde veut voir de quoi tu as l'air. »
« Alors », répond-il,
« je resterai ici
jusqu'à ce qu'ils s'en aillent. »
La tortue et les lézards,

le serpent, les libellules et le petit mulot viennent s'installer sur la rive et attendent que Bufolet sorte de l'eau.
« Je vous en prie », demande Ranelot,
« soyez gentils et allez-vous-en ! »
Mais pas un seul ne s'en va.
Bufolet a de plus en plus froid
et commence à frissonner
et à éternuer.
« Il va bien falloir pourtant
que je sorte », se dit-il.
« Je suis en train
de m'enrhumer. »

Et il sort de la rivière.
L'eau coule de son maillot
et ruisselle jusque sur ses pieds.
La tortue rit,
les lézards rient,
le serpent rit,
le mulot et les libellules rient.
Et Ranelot rit aussi.
« Qu'as-tu à rire, Ranelot ? »
demande Bufolet.
« Je ris de toi, Bufolet »,
répond Ranelot, « parce que tu as vraiment l'air drôle avec ce maillot ! »
« Bien sûr que j'ai l'air drôle », admet Bufolet.
Et, là-dessus, il ramasse ses vêtements et rentre chez lui.

La liste

C'est le matin. Bufolet, assis dans son lit, pense qu'il a bien des choses à faire aujourd'hui.
« Je vais en dresser la liste », se dit-il, « pour bien m'en souvenir. »
Il écrit donc sur une feuille de papier :
Liste des choses à faire aujourd'hui.
Puis, il marque : Me réveiller.
« Ça, je l'ai fait », dit-il.
Et il raye : ~~Me réveiller.~~
Il inscrit alors d'autres choses sur la feuille.

« Voilà », dit-il, « maintenant, mon programme est fait pour toute la journée. »

Il sort du lit, prend son petit déjeuner, puis, il raye :

~~Prendre mon petit déjeuner.~~

Il prend alors ses vêtements dans sa penderie et s'habille.

Puis, il raye : ~~M'habiller.~~

Et il met la liste dans sa poche.

Il ouvre la porte et sort pour une promenade matinale.

Il arrive bientôt devant la porte de Ranelot.

Il sort sa liste de sa poche et raye :

~~Aller chez Ranelot.~~

Il frappe à la porte.
« Salut ! » dit Ranelot.
Bufolet lui montre sa feuille.
« Regarde », dit-il, « la liste des choses que je dois faire. »
Ranelot le félicite d'avoir fait ce programme. Bufolet remarque alors : « Ma liste indique que, maintenant, nous devons aller nous promener. »
« Eh bien ! avec plaisir », dit Ranelot. « Je suis prêt. »
Et les deux amis partent pour une longue promenade.
Bufolet sort la liste de sa poche et raye :
~~Faire un tour avec lui.~~

Mais juste à ce moment un grand vent se lève. Il arrache de la main de Bufolet la liste qui est emportée en l'air.
« Au secours ! » crie Bufolet. « Ma liste s'envole ! Qu'est-ce que je vais faire sans elle ? »
« Vite, vite », dit Ranelot.
« Courons pour l'attraper ! »

« Non », s'écrie Bufolet, « je ne peux pas faire ça ! »
« Et pourquoi donc ? » interroge Ranelot.
« Parce que », répond Bufolet en gémissant, « courir après cette feuille n'est pas une des choses que j'ai inscrites sur la liste de ce que je dois faire aujourd'hui. »

Cela n'arrête pas Ranelot.
Il poursuit à travers champs
et marécages la liste
qui continue à voler çà et là.
Il revient enfin vers Bufolet.
« Je suis désolé », dit-il, haletant,
« mais il m'a été
impossible d'attraper
ta liste. »

« Ça ne fait rien », dit Bufolet.
« Je ne peux pas me rappeler ce que j'ai inscrit à mon programme d'aujourd'hui. Je n'ai plus maintenant qu'à m'asseoir ici sans rien faire. »
C'est ce qu'il fait, et Ranelot vient s'asseoir près de lui.

Au bout d'un long moment, il lui dit :
« Regarde, Bufolet, la nuit vient. Nous devrions aller nous coucher. »
« Aller me coucher ! » s'écrie Bufolet, « c'était justement ça la dernière chose sur ma liste ! »

Avec une baguette il inscrit par terre ces trois mots :
Aller me coucher.
Puis il raye : ~~Aller me coucher~~ et dit :
« Voilà ! Maintenant tout mon programme est réalisé. »
« J'en suis heureux », dit Ranelot.
Et, tout aussitôt, les deux amis s'endorment ensemble.

Dragons et géants

Ranelot et Bufolet lisent un livre ensemble.
« Les personnages de ce livre sont courageux », dit Bufolet.
« Ils combattent les dragons, les géants, et n'ont jamais peur. »
« Je me demande », dit Ranelot, « si nous sommes courageux. »
Tous deux se regardent dans la glace.
« Nous avons l'air de l'être », dit Ranelot.
« C'est vrai, mais le sommes-nous vraiment ? » interroge Bufolet.
Ils sortent.

« Nous pouvons essayer d'escalader cette montagne », propose Ranelot. « Ça nous permettra de voir si nous sommes courageux. »
Il saute sur les rochers, suivi par Bufolet tout essoufflé.
Ils arrivent à une caverne sombre d'ou sort un énorme serpent.
« Voilà mon déjeuner », dit le serpent en les découvrant, et il ouvre la bouche toute grande.
Ranelot et Bufolet s'éloignent d'un bond. Ce dernier est tout tremblant, mais il crie : « Je n'ai pas peur ! »

Ils grimpent encore plus haut et entendent un grand bruit.
De grosses pierres dégringolent le long de la pente.
« C'est une avalanche ! » s'écrie Bufolet.
Les deux amis s'éloignent d'un bond. Ranelot, à son tour, est tout tremblant, mais il crie : « Je n'ai pas peur ! »
Ils arrivent enfin au sommet de la montagne. L'ombre d'un faucon plane sur eux. Vite, ils se réfugient à l'abri, sous un rocher. Le faucon s'envole au loin.
« Nous n'avons pas peur ! » crient, au même instant, Ranelot et Bufolet.

Et les voilà qui descendent la montagne en courant à toute vitesse. Ils passent en courant à l'endroit où ils ont vu l'avalanche, puis, toujours courant, à l'endroit où ils ont vu le serpent. Ils ne cessent pas de courir jusqu'à la maison de Bufolet.
« Ranelot », dit Bufolet, « je suis heureux d'avoir un ami courageux comme toi. »
Il saute dans son lit et remonte les couvertures par-dessus sa tête.
« Et moi », dit Ranelot, « je suis heureux, Bufolet, de connaître quelqu'un d'aussi courageux que toi. »

Il saute dans la penderie et ferme la porte. Il reste dans la penderie et Bufolet dans son lit.
Tous deux restent là longtemps, convaincus qu'ils sont, l'un et l'autre, très courageux.

Descente en traîneau

Ranelot frappe à la porte de Bufolet en criant :
« Réveille-toi, Bufolet ! Sors, et viens voir comme l'hiver est beau ! »
« Non », répond Bufolet, « rien à faire, je reste bien au chaud dans mon lit. »
« L'hiver est merveilleux », dit Ranelot, « sors, et viens t'amuser. »
« D'abord », dit Bufolet, « je n'ai pas de vêtements d'hiver. »
Ranelot entre dans la maison.

« Je t'ai apporté quelques vêtements chauds », dit-il.
Il passe une vareuse par la tête de Bufolet et lui enfile une culotte de montagnard. Il lui met pour finir un bonnet et une écharpe.
« Au secours ! » crie Bufolet, « mon meilleur ami cherche à me tuer ! »
« Non », dit Ranelot, « j'essaie seulement de t'équiper pour l'hiver. »
Les deux amis sortent alors et marchent péniblement dans la neige.
« Nous allons descendre cette haute colline sur mon traîneau », dit Ranelot.
« En tout cas, pas moi ! » déclare Bufolet.
« Allons, n'aie pas peur », dit Ranelot, « je serai avec toi sur le traîneau. Ça va faire une course rapide et merveilleuse. Assieds-toi devant ; je me mets juste derrière toi. »
Le traîneau commence à glisser sur la pente.
« Maintenant, allons-y ! » décide Ranelot.

Soudain, une bosse, un choc, et Ranelot tombe du traîneau. Bufolet fonce entre arbres et rochers.
« Tu sais, Ranelot », dit-il, « je suis content que tu sois là ! »
En disant ces mots, il franchit une congère.

« Je ne pourrais pas », dit-il à Ranelot, « conduire le traîneau sans toi. Tu as raison : l'hiver, c'est un plaisir ! »
Un corbeau survole le traîneau.

« Salut, corbeau ! » crie Bufolet.
« Regarde-nous, Ranelot et moi : nous pouvons conduire un traîneau mieux que n'importe qui au monde ! »
« Mais, Bufolet », dit le corbeau, « tu es tout seul sur le traîneau. »
Bufolet regarde autour de lui et voit que Ranelot n'est plus là.
« *Je suis tout seul !* » s'écrie-t-il, effrayé.

Bing ! Le traîneau heurte un arbre.
Bang ! Il bute sur un rocher.
Plouf ! Il s'enfonce dans la neige.
Ranelot descend la pente à toute vitesse.
Il sort Bufolet de la neige et lui dit :
« J'ai tout vu, tu t'es très bien débrouillé tout seul. »
« Je n'ai rien fait », dit Bufolet, « mais il y a quelque chose que je peux vraiment faire tout seul. »
« Et quoi donc ? » demande Ranelot.
« Je peux rentrer à la maison », dit Bufolet. « L'hiver est peut-être merveilleux, mais un lit est encore bien meilleur ! »

Les glaces

Par une chaude journée d'été les deux amis sont assis près de l'étang.

«Je prendrais bien une glace crémeuse et parfumée», dit Ranelot.

«Ça, c'est une bonne idée», dit Bufolet. «Attends-moi ici, Ranelot, je reviens tout de suite.»

Bufolet va chez le marchand de glaces et achète deux énormes cornets de glace.

Bufolet lèche l'un des cornets. « Ranelot préfère les glaces au chocolat », pense-t-il. « Et je suis comme lui. »

Tandis qu'il avance sur le chemin, une large et molle coulée de glace au chocolat glisse sur son bras.
« Cette glace est en train de fondre au soleil », dit-il.
Alors Bufolet se met à marcher plus vite ; des gouttes de glace fondue l'éclaboussent et lui tombent sur la tête.
« Il faut que je me dépêche de rejoindre Ranelot », dit-il.
La glace fond de plus en plus. Elle tombe goutte à goutte sur la veste de Bufolet. Elle s'étale sur son pantalon et sur ses pieds.
« Où est le chemin ? » s'écrie-t-il. « Je n'y vois plus rien ! »
Ranelot est assis près de l'étang, attendant Bufolet.

Une souris passe en courant.
« Je viens de voir », s'écrie-t-elle, « quelque chose d'effrayant ! C'était énorme et brun ! »

« Quelque chose couvert de branches et de feuilles vient sur le chemin ! » crie un écureuil.
« Il y a une chose avec des cornes qui vient par ici », crie un lapin. « Fuyez, pour sauver votre vie ! »

« Qu’est-ce que ça peut bien être ? » se demande Ranelot.
Il se cache derrière un rocher et voit la chose qui s’approche. C’est énorme et brun, c’est couvert de feuilles et de branches, et ça a deux cornes. Et ça crie : « Ranelot, où es-tu ? »
« Dieu soit loué ! » s’écrie Ranelot, « c’est Bufolet. »

Bufolet tombe dans l’étang. Il touche le fond et reparaît à la surface. « Quelle déveine ! » dit-il, « toute notre bonne glace a disparu dans l’eau ! »

« Ça ne fait rien », dit Ranelot.
« Je sais ce que nous allons faire. »
Les deux amis retournent vite chez le marchand de glaces.
Là, ils s'asseyent à l'ombre d'un grand arbre, et ils savourent ensemble leurs cornets de glace au chocolat.

Veillée de Noël

La veille de Noël, Bufolet prépare un grand dîner et décore le sapin.
« Ranelot est en retard », dit-il.
Il regarde la pendule mais il se rappelle qu'elle ne marche pas : les aiguilles ne se déplacent pas. Il ouvre la porte d'entrée et regarde dehors dans la nuit. Mais Ranelot n'est pas là.
« Je commence à être inquiet », dit Bufolet. « Que faire s'il lui est arrivé quelque catastrophe et s'il est tombé dans un trou profond sans pouvoir en sortir ? Je ne le reverrai plus jamais ! »

Bufolet ouvre de nouveau la porte. Ranelot n'est pas sur le chemin.
« Et s'il est perdu dans les bois ? » dit Bufolet. « Et s'il souffre du froid, de la neige et de la faim ? »
« Et s'il est poursuivi par une grosse bête aux dents aiguës ? Et », s'écrie Bufolet, « s'il a été dévoré ? Mon ami et moi ne passerons plus jamais Noël ensemble ! »

Bufolet trouve une corde dans la cave.
« Avec ça », dit-il, « je pourrai le sortir de son trou. »
Il trouve une lanterne au grenier.

« Ranelot verra cette lumière », pense-t-il, « qui lui montrera le chemin pour sortir du bois. »
Bufolet trouve une poêle à frire dans la cuisine.
« Je m'en servirai », dit-il, « pour taper sur la grosse bête, et toutes ses dents tomberont.
Ranelot, ne sois pas inquiet, j'arrive pour t'aider. »
Et Bufolet, au pas de course, s'éloigne de sa maison.
Il tombe sur Ranelot, qui lui dit :
« Salut, Bufolet, je suis désolé d'être en retard, mais j'emballais ton cadeau. »

« Tu n'étais pas au fond d'un trou ? » demande Bufolet.
« Non », dit Ranelot.
« Tu n'étais pas perdu dans les bois ? » demande Bufolet.
« Non », dit Ranelot.
« Tu n'as pas été dévoré par une grosse bête ? » demande Bufolet.
« Non », dit Ranelot, « pas du tout. »
« Oh, Ranelot », dit Bufolet, « comme je suis heureux de passer Noël avec toi ! »
Il ouvre le cadeau de Ranelot.
C'est une belle pendule toute neuve.
Les deux amis prennent place près du feu. Et les aiguilles de la pendule marquent les heures d'une joyeuse veillée de Noël.

La soupe
à la souris

Assise au pied d'un arbre, une souris lisait un livre.
Une belette surgit et attrapa la souris.
Elle l'emporta chez elle, en disant :
« Ça tombe bien ! Je vais faire une soupe à la souris. »
« Et c'est moi », dit la souris, « qui vais être la souris de la soupe ! »
La belette mit la souris dans une marmite.
« Eh ! Doucement », dit la souris.
« Cette soupe n'aura pas bon goût : il y manque des histoires. Il faut des histoires, pour que la soupe soit vraiment bonne. »
« D'accord », dit la belette, « mais fais vite, car j'ai grand-faim. »
« Eh bien », annonça la souris, « voici quatre histoires à mettre dans la marmite. »
« Mais je n'en ai pas », dit la belette.
« Moi j'en ai », dit la souris, « et je peux t'en raconter tout de suite. »

Les abeilles et la boue

Un jour, une souris se promenait dans les bois.
Un nid d'abeilles se détacha d'un arbre et lui tomba droit sur la tête.
« Abeilles », dit la souris, « envolez-vous d'ici. Je ne veux pas me promener avec un nid d'abeilles sur le haut de ma tête. »

« Mais », dirent les abeilles, « nous aimons tes oreilles, et ton nez, et tes fines moustaches. C'est un très bel emplacement pour notre nid : nous n'en partirons pas. »

La souris était très contrariée. Elle ne savait pas ce qu'elle devait faire, et le bourdonnement des abeilles était assourdissant. Elle reprit sa marche et arriva à un marécage boueux.

« Abeilles », dit la souris, « j'ai un logis comme vous en avez un. C'est mon chez-moi. Si vous voulez rester sur ma tête, c'est là qu'il vous faudra venir avec moi. »
« Entendu », dirent les abeilles.
« Nous aimons tes oreilles, ton nez, tes fines moustaches et nous serons heureuses de t'accompagner chez toi. »
« Très bien », dit la souris.
Elle entra dans la boue jusqu'aux genoux en disant :
« Voici ma porte d'entrée. »
« Bon ! » dirent les abeilles.
La souris s'enfonça dans la boue jusqu'à la ceinture.

« Ici, c'est ma salle de séjour », dit-elle.
« C'est charmant », déclarèrent les abeilles.
La souris s'enfonça dans la boue jusqu'au menton.
« Et là », dit-elle, « c'est ma chambre. »
« Très agréable », dirent les abeilles.
« Et maintenant », dit la souris, « je vais dormir. »
Elle plongea la tête sous la boue.

« Oh ! non », dirent les abeilles. « Nous aimons bien ta porte d'entrée, ta salle de séjour, ta chambre mais non, non, mille fois non, nous n'aimons pas ton lit. »
Les abeilles remontèrent à l'air libre et s'envolèrent. Quant à la souris, elle rentra chez elle, et prit un bain.

Les deux grandes pierres

Sur le versant d'une colline, parmi l'herbe et les fleurs sauvages, il y avait deux énormes pierres. L'une d'elles dit à l'autre : « Ce versant de la colline est bien agréable, mais je me demande ce qu'il y a de l'autre côté. »
« Nous ne le savons pas », dit la seconde pierre, « et nous ne le saurons jamais. »
Un jour, un oiseau passa tout près des pierres.

« Petit oiseau », lui demandèrent les pierres, « peux-tu nous dire ce qu'il y a de l'autre côté de la colline ? »
L'oiseau s'envola, survola de très haut la colline, puis revint et dit :
« Je vois des villes et des châteaux, je vois des vallées et des montagnes. C'est une vue magnifique. »

La première pierre déclara :
« Mais toutes ces choses sont sur l'autre versant. »

« C'est bien triste », dit la seconde, « que nous ne puissions pas les voir, et nous ne le pourrons jamais. »

Et elles restaient là, sans pouvoir bouger, et il leur semblait qu'elles en avaient bien pour cent ans à rester aussi tristes.
Un jour, une souris vint à passer par là.
« Petite souris », lui demandèrent les pierres, « peux-tu nous dire ce qu'il y a de l'autre côté de la colline ? »
La souris grimpa au sommet de la colline, passa son nez de

l’autre côté, regarda en bas, puis elle revint et dit : « Je vois de la terre et des pierres, je vois de l’herbe et des fleurs. C’est une vue magnifique. »

« L’oiseau nous a menti », dit la première pierre.

« Ce côté de la colline est exactement le même que celui-là. »

« Tant mieux ! » dit la seconde.

« Nous en sommes vraiment heureuses, et nous le resterons toujours ! »

Les grillons

Une nuit, une souris fut réveillée par un crissement sonore de l'autre côté de sa fenêtre.
« Qu'est-ce que c'est que ce bruit ? » demanda-t-elle.
« Que dites-vous ? » demanda à son tour un grillon.
« Je ne peux pas, en même temps, vous entendre et faire ma musique. »

« Je veux dormir », dit la souris, « et je ne veux pas d'autre musique. »
« Que dites-vous ? » reprit le grillon. « Vous voulez plus de musique ? Je vais chercher un ami. »

Bientôt, il y eut deux grillons à crisser.
« Comment ? » dit la souris, « je vous demande d'arrêter votre musique, et vous m'en faites davantage ! »
« Que dites-vous ? » demanda le grillon. « Vous voulez plus de musique ? Nous allons chercher un autre ami. »
Et aussitôt, il y eut trois grillons à crisser.

« Arrêtez cette musique », dit la souris. « Je suis fatiguée et je ne peux pas l'entendre plus longtemps. »
« Qu'avez-vous dit ? » interrogea le grillon. « Vous voulez que l'on joue plus longtemps ? Eh bien, nous allons chercher beaucoup d'autres amis. »
Aussitôt, il y eut là dix grillons à crisser.

« Assez ! » cria la souris, « votre musique est trop bruyante. »
« Bruyante ? » demanda le grillon. « Bien sûr, nous pouvons faire davantage de bruit. »
Et les dix grillons se mirent à crisser très fort.
« Je vous en prie », s'écria la souris. « Je veux dormir. Je désire que vous partiez tous d'ici. »

« Partir d'ici ? » demanda le grillon. « Pourquoi ne l'avez-vous pas dit dès le début ? »

« Nous nous en allons et nous crisserons ailleurs », dirent les dix grillons.

C'est ce qu'ils firent et la souris retourna dormir.

Le buisson d'épines

Une dame âgée, gémissant et pleurant, parut un jour sur le seuil de sa porte. Un agent accourut et dit :
« Chère madame, pourquoi donc criez-vous ainsi ? »
« Entrez », dit la vieille dame, « et vous allez le savoir. Regardez ! Il y a un rosier sauvage qui pousse dans le fauteuil de mon salon ! »
« Comment a-t-il pu venir là ? » dit l'agent.

« Je n'en sais rien », dit la vieille dame. « Un jour, j'étais assise et quelque chose m'a griffée. Je me suis levée et j'ai vu que c'était un buisson épineux. »

« Pauvre madame », dit l'agent.

« Je vais l'enlever de votre fauteuil et vous pourrez de nouveau vous y asseoir. »

« Ah non, ne faites pas cela ! » s'écria la dame, « je ne veux pas m'asseoir. J'ai été assise toute ma vie. J'aime ce buisson, et si je criais tout à l'heure, c'était parce qu'il se dessèche. Tenez, voyez vous-même : toutes les branches retombent. »

« C'est qu'il a soif », dit l'agent, « et qu'il a sans doute besoin d'eau. »

« Je n'y avais jamais pensé », avoua la vieille dame, en versant de l'eau sur le fauteuil.

Le buisson frémit et se ranima ;

des feuilles vertes garnirent ses rameaux

et de petits bourgeons apparurent à côté des feuilles.

Puis les boutons s'ouvrirent et donnèrent de magnifiques roses.
« Merci, aimable agent », cria la vieille dame. « Vous avez sauvé mon rosier et embelli ma maison ! »
Et elle embrassa l'agent et lui donna un gros bouquet de roses pour qu'il l'emporte chez lui.

« Et voilà », dit la souris.
« Je t'ai raconté mes histoires ; elles vont donner à ta soupe un goût délicieux. »
« Très bien », dit la belette, « mais comment faire pour mettre ces histoires dans la soupe ? »
« C'est très facile », dit la souris.
« Tu vas vite aller chercher un nid d'abeilles, un peu de boue, deux grandes pierres, dix grillons et un rosier sauvage. Reviens ici et mets tout cela dans ta soupe. »

La belette se précipita au-dehors, mais elle oublia de fermer la porte. Elle trouva un nid d'abeilles, mais fut piquée plus d'une fois !

Elle trouva de la boue humide et froide. Elle trouva deux grandes pierres très lourdes. Elle trouva dix grillons : elle dut sauter pour les attraper. Elle trouva un rosier sauvage : elle fut égratignée et piquée.

« Enfin », dit la belette, « maintenant ma soupe à la souris va être fameuse ! »

Mais quand elle revint à sa demeure, elle fut bien surprise : la marmite était vide !

La souris se précipita vers sa paisible demeure ; elle fit un bon feu, dîna et finit tranquillement de lire son livre.

Oncle Éléphant

Oncle Éléphant ouvre la porte

Papa et Maman étaient partis faire de la voile.
Je n'avais pas pu les accompagner : j'avais la trompe qui coulait et mal à la gorge. Je suis rentré me coucher.
Il y a eu un orage. Le bateau n'est pas revenu. Papa et Maman avaient disparu en mer. J'étais seul, assis dans ma chambre, les rideaux fermés. J'entendis la porte s'ouvrir.

« Bonsoir, je suis ton Oncle Éléphant », dit une voix.
Oncle Éléphant apparut.
« Que regardes-tu ? » demanda-t-il.
« Ah, je vois, tu regardes mes rides. »
« C'est vrai que tu as beaucoup de rides », lui dis-je.

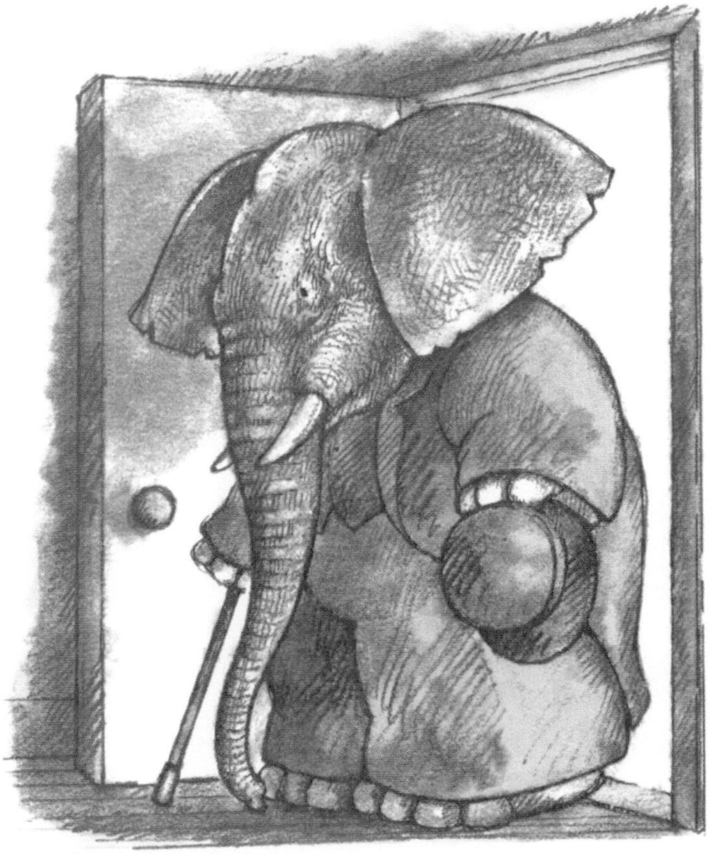

« Oui », dit Oncle Éléphant. « J'ai plus de rides qu'un arbre n'a de feuilles. J'ai plus de rides que la plage n'a de grains de sable. J'ai plus de rides que le ciel n'a d'étoiles. »
« Pourquoi donc as-tu tant de rides ? » demandai-je.
« Parce que je suis vieux », dit Oncle Éléphant. « Maintenant, sors de ce coin sombre. »
« Où vais-je aller ? » demandai-je.
« Viens chez moi », dit Oncle Éléphant.

Oncle Éléphant compte les poteaux

J'étais assis dans le train avec Oncle Éléphant. Nous partagions un sachet de noisettes. Nous regardions par la fenêtre. La campagne défilait à toute allure.

« Une, deux, trois. Oh ! j'en ai manqué une », dit Oncle Éléphant.

« Qu'est-ce que tu comptes ? » demandai-je.

« J'essaie de compter les maisons qui défilent », dit-il. « Un, deux, trois, quatre. J'en ai encore manqué un », dit Oncle Éléphant.

« Qu'est-ce que tu comptes ? » demandai-je.

« J'essaie de compter les champs qui défilent », dit-il. « Un, deux, trois, quatre, cinq. J'en ai encore manqué un », dit Oncle Éléphant.

« Et maintenant, qu'est-ce que tu comptes ? » lui demandai-je.

« J'essaie de compter les poteaux télégraphiques qui défilent. Mais tout passe bien trop vite », dit Oncle Éléphant.
Il avait raison, tout passait vraiment trop vite.
« Un, deux, trois, quatre, cinq, six, sept, huit, neuf, dix ! » dit Oncle Éléphant.
« Que comptes-tu encore ? » lui demandai-je.
« Je compte les coquilles de noisettes », dit Oncle Éléphant, « elles sont plus faciles à compter. Elles sont toutes au même endroit. Elles sont toutes rassemblées sur tes genoux. »

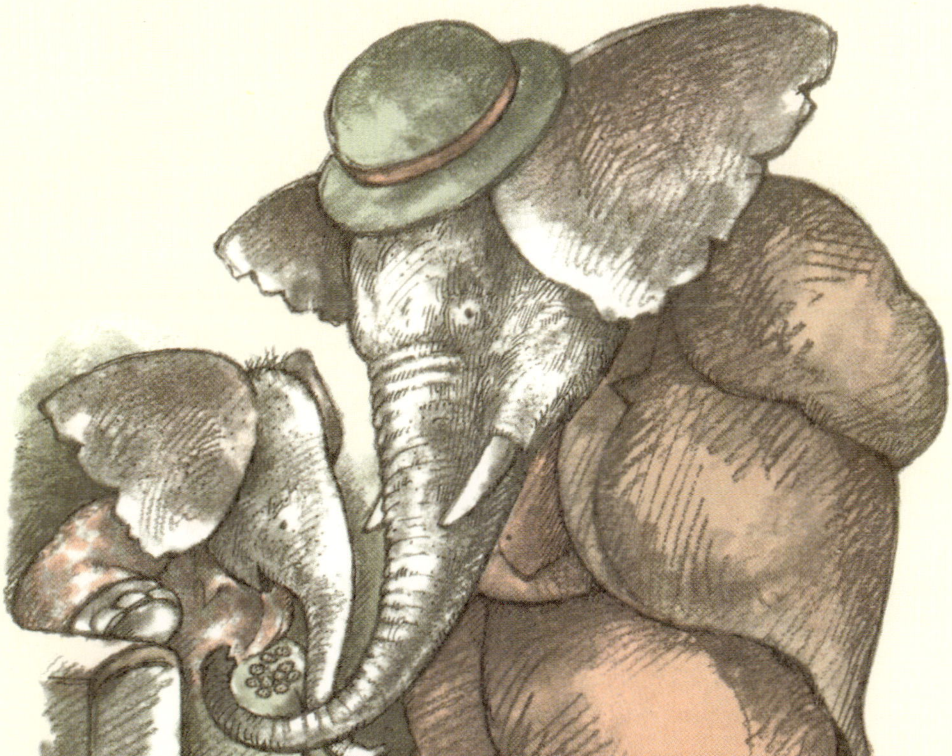

Le train continuait à rouler. Nous avons fini tout le sachet de noisettes. Il y avait encore plus de coquilles à compter pour Oncle Éléphant.

Oncle Éléphant allume une lampe

Nous sommes arrivés à la maison d'Oncle Éléphant.
« Nous allons allumer une lampe et faire notre dîner », dit Oncle Éléphant.
Il prit une lampe sur l'étagère et l'alluma.
« Hé là ! » dit une petite voix à l'intérieur de la lampe.
« As-tu entendu ? » demanda Oncle Éléphant.
« Cette lampe sait parler ! »
« C'est une lampe magique », dis-je.
« Alors il faut faire un vœu ! »
dit Oncle Éléphant.
« Je voudrais un avion que je puisse piloter tout seul », dis-je.

« Je voudrais un veston à pois avec un pantalon rayé », dit Oncle Éléphant.
« Je voudrais une banane Melba avec dix boules de glace », dis-je.
« Je voudrais une boîte pleine de cent gros cigares », dit Oncle Éléphant.

Nous avons frotté la lampe. Nous sommes restés assis à attendre. Une petite araignée est sortie de la lampe.
« Je voudrais que vous éteigniez cette lampe et que vous me laissiez tranquille », dit l'araignée. « C'est là que j'habite et il commence à faire chaud. »

Oncle Éléphant exauça le vœu de l'araignée. Il fut tout heureux d'éteindre la lampe. Oncle Éléphant remit la lampe sur l'étagère et notre dîner se passa au clair de lune.

Oncle Éléphant salue l'aurore

« BAAROUM ! »

C'était le matin. J'entendis du bruit dehors. Je courus à la fenêtre. Oncle Éléphant était debout dans le jardin. Ses oreilles battaient au vent.

Il dressa sa trompe :

« BAAROUM ! » claironna Oncle Éléphant.

« Que fais-tu ? » demandai-je.

« Je salue toujours l'aurore de cette manière », dit Oncle Éléphant. « Chaque nouveau jour mérite d'être salué d'un bon coup de trompe. »

« J'ai planté toutes ces fleurs moi-même. Sors un peu, je vais faire les présentations », dit Oncle Éléphant.

« Roses, marguerites, jonquilles et soucis, je vous présente mon neveu. »

Je saluai les fleurs. Oncle Éléphant avait l'air très content.

« Ce jardin est le coin que j'aime le plus au monde », dit Oncle Éléphant, « c'est mon royaume à moi. »

« Si c'est ton royaume », lui dis-je, « tu es le roi ? »

« Sans doute que oui », dit Oncle Éléphant.

« Si tu es le roi », dis-je, « moi je suis le prince. »

« Bien sûr », dit Oncle Éléphant, « il faut que tu sois le prince ! »

Alors nous nous sommes tressé des couronnes de fleurs.

Oncle Éléphant a levé sa trompe :

« BAAROUM ! »

J'ai levé aussi ma trompe :

« BAAROUM ! »

Nous étions le roi et le prince et nous avons salué l'aurore à grands coups de trompe.

Oncle Éléphant a des douleurs

Oncle Éléphant et moi sommes sortis nous promener.
« Aïe ! » s'écria Oncle Éléphant.
« Qu'y a-t-il ? » lui demandai-je.
« J'ai des douleurs », dit Oncle Éléphant.
« Qu'est-ce que c'est ? » demandai-je.
« Cela arrive parfois à de vieux éléphants comme moi », dit-il.
« J'ai des douleurs dans le dos, dans les genoux, dans les pattes, et même dans la trompe. C'est très désagréable. »
Nous sommes rentrés en marchant lentement.
Oncle Éléphant s'est assis avec précaution dans son fauteuil le plus moelleux.
« Ah ! » dit-il, « les douleurs de la trompe ont disparu. »
Oncle Éléphant a appuyé sa tête sur le dossier du fauteuil.

« Ah ! » dit-il, « les douleurs du dos ont disparu. »
Oncle Éléphant a mis ses pattes sur un tabouret.
« Ah ! » dit-il, « les douleurs de mes pattes ont disparu. »
« Comment te sens-tu ? » demandai-je.
« Un peu mieux », dit Oncle Éléphant. « Laisse-moi te raconter une histoire, je suis sûr que toutes mes douleurs disparaîtront tout à fait. »

Oncle Élephant referme la porte

Un jour arriva un télégramme chez Oncle Éléphant. C'était de mon père et de ma mère.
Ils étaient sains et saufs.
Ils étaient vivants.
Oncle Éléphant et moi
nous en avons dansé de joie !
« Il faut que je te ramène
chez toi tout de suite », dit-il.
J'étais assis dans le train
avec Oncle Éléphant.
Nous regardions par la fenêtre.

« Un, deux, trois, quatre ... », dit Oncle Éléphant.
« Tu comptes les maisons ? » demandai-je.
« Non », dit Oncle Éléphant.
« Tu comptes les champs ? » demandai-je.
« Non », dit Oncle Éléphant.
« Je sais », lui dis-je, « tu comptes les poteaux télégraphiques. »
« Non », dit Oncle Éléphant, « pas cette fois. »

Papa et Maman nous attendaient. Je me suis précipité dans leurs bras.

Ce soir-là, après un bon dîner, j'ai chanté ma chanson. Oncle Éléphant était au piano. Avant que je m'endorme, Oncle Éléphant est venu dans ma chambre.

« Tu veux savoir ce que je comptais dans le train ? » me demanda-t-il.

« Oui », lui dis-je.

« Je comptais les jours », dit Oncle Éléphant.

« Les jours que nous avons passés ensemble ? » demandai-je.

« Oui », dit Oncle Éléphant, « des jours merveilleux qui ont passé bien trop vite. »

Nous nous sommes promis de nous revoir souvent.
Oncle Éléphant m'a dit bonsoir, m'a embrassé et a refermé la porte en sortant.

Hulul

L'invité

Hulul était chez lui.
« Comme c'est bon », disait-il, « d'être là, assis auprès de ce bon feu, quand dehors il neige et qu'il fait si froid ! »
Il était en train de manger, pour son souper, une tartine beurrée et un potage bien chaud.
Il entendit soudain frapper très fortement à la porte d'entrée.
« Qui est là, à frapper, à marteler à ma porte, par une nuit pareille ? »

Et, en disant cela, il ouvrit la porte. Personne n'était là, sauf la neige et le vent. Il revint s'asseoir près du feu.
Mais de nouveau, on frappa très fort à la porte.
« Qui donc », dit-il, « peut ainsi taper et cogner à ma porte par une nuit pareille ? »
Il retourna ouvrir la porte. Mais il ne vit personne, rien que la neige et le froid.
« Ce pauvre vieil Hiver vient frapper à ma porte », dit-il.
« Peut-être qu'il voudrait s'asseoir près de mon feu ? Eh bien, je vais être bon pour lui et le faire entrer. »
Il ouvrit sa porte toute grande, et dit :
« Entre, Hiver, entre et viens te chauffer un moment. »
Et l'Hiver entra dans la maison en se précipitant. Un vent glacé

plaqua Hulul contre le mur. Puis il tournoya dans la chambre, et éteignit le feu dans la cheminée. La neige tourbillonnait dans l'escalier et recouvrait l'entrée comme un tapis.

« Hiver ! » cria Hulul, « tu es chez moi, ne l'oublie pas ! Ce n'est pas une façon de se conduire ! »

Mais Hiver ne voulait rien entendre. Il faisait s'agiter et claquer les rideaux des fenêtres, et changeait le potage aux pois en glace verte.

Hiver visita ainsi toutes les pièces de la maison de Hulul.
Dès que l'une était pleine de neige, Hulul disait :
« Tu peux t'en aller, Hiver ! Allons ! Ça suffit maintenant ! »
Le vent soufflait en rafales tournoyantes.
Alors, Hiver se précipita dehors et repoussa la porte avec fracas.
« Au revoir ! » cria Hulul. « Et surtout, ne reviens pas ! »

Hulul ralluma le feu dans la cheminée. La chambre se réchauffa, la neige fondit, la glace verte redevint un potage liquide. Hulul se réinstalla dans son fauteuil et, tranquillement, il termina son souper.

Des bosses étranges

Hulul était couché.
« Il est temps de souffler la bougie et de dormir », dit-il en bâillant.
Mais à ce moment, il vit au pied de son lit deux bosses sous la couverture.
« Que peuvent bien être ces étranges bosses ? » se demanda-t-il.

Il souleva la couverture et regarda dans le lit, mais il ne vit que l'obscurité. Il essaya de dormir, mais sans y réussir.
« Qu'arriverait-il », pensa-t-il, « si ces étranges bosses grossissaient de plus en plus pendant mon sommeil ? Ça serait bien désagréable ! »

Hulul leva et rabaissa son pied droit. La bosse de droite se leva et se rabaissa.
« Tiens ! une de ces bosses est mobile », remarqua Hulul.
Il leva alors et rabaissa son pied gauche. La bosse de gauche se leva et se rabaissa.
« L'autre bosse est mobile aussi », pensa Hulul.
Il retira toutes les couvertures de son lit.
Les bosses avaient disparu. Tout ce qu'il put voir au bout de son lit, ce fut ses deux pieds.
« Mais j'ai froid maintenant », dit Hulul.
« Je vais remettre les couvertures sur moi. »

Dès qu'il l'eut fait, il revit les deux mêmes bosses.
« Les revoilà ! » s'écria-t-il.
« Bosses ! bosses ! allez-vous-en ! Je ne vais pas fermer l'œil de la nuit. »
Il bondit et rebondit à la tête du lit.
« Mais, qui êtes-vous ? » cria-t-il. « Qu'est-ce que vous êtes ? »

Soudain, dans un fort craquement, le lit
s'écroula avec fracas. Hulul descendit l'escalier
et alla s'asseoir dans son fauteuil près du feu.
« Je vais laisser ces deux étranges bosses
s'installer sur mon lit par leurs propres moyens »,
décida-t-il. « Qu'elles grossissent autant qu'elles le voudront.
Je vais dormir ici où je suis bien tranquille ! »
Et c'est ce qu'il fit.

Le thé aux larmes

Hulul prit la bouilloire dans le buffet.
« Ce soir », dit-il, « je vais faire du thé aux larmes. » Il posa la bouilloire sur ses genoux.
« Là », dit-il, « je vais commencer. »
Il était assis, bien tranquille. Il se mit à penser à des choses tristes.
« Des chaises aux pieds cassés », dit-il.

Ses yeux commencèrent à se mouiller.
« Et des chansons qu'on ne peut pas chanter »,
ajouta-t-il, « parce qu'on a complètement
oublié les paroles. »
Il commença à pleurer. Une grosse larme
se forma, et tomba dans la bouilloire.
« Et puis », dit-il, « des cuillers
qui sont tombées derrière le poêle,
et qui n'ont jamais été retrouvées. »

D'autres larmes encore tombèrent dans la bouilloire.
« Et aussi », dit Hulul, « des livres qu'on ne peut plus lire parce que
plusieurs pages ont été déchirées. »

« Et des pendules arrêtées », continua-t-il, « parce que personne
n'est là pour les remonter. »
Hulul pleurait et de grosses larmes tombaient dans la bouilloire.

« Et le matin », disait-il, en sanglotant, « personne ne comprend pourquoi tout le monde continue à dormir. »
« Et », poursuivait-il, « la purée de pommes de terre restée sur une assiette, parce que personne n'a envie de la manger. Et les crayons trop courts pour écrire. »

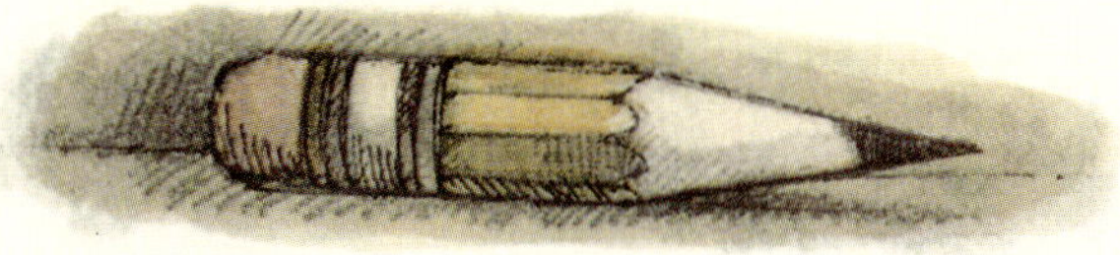

Hulul pensait encore à beaucoup d'autres choses tristes, et n'arrêtait pas de pleurer.
Bientôt, la bouilloire fut remplie de larmes jusqu'au bord.
« Là », dit Hulul, « ça suffit ! »
Il s'arrêta de gémir, et mit la bouilloire à chauffer sur le poêle pour préparer son thé.

Il se sentait heureux en remplissant sa tasse.
« Il a un goût un peu salé », reconnut-il, « mais le thé aux larmes est toujours agréable ! »

Étage et rez-de-chaussée

La maison de Hulul a un étage et un rez-de-chaussée. Il y a vingt marches à l'escalier. Parfois, Hulul est à l'étage dans sa chambre. D'autres fois, il est au rez-de-chaussée dans la salle de séjour. Quand il est au rez-de-chaussée, il dit :
« Je me demande bien comment ça va là-haut ? »
Quand il est à l'étage, il dit :
« Je me demande bien comment ça marche en bas ? Je ne peux jamais être qu'à un seul endroit à la fois. Il doit pourtant y avoir

un moyen de se trouver au même moment au rez-de-chaussée et à l'étage. Peut-être qu'en courant très, très vite, je pourrais me trouver dans les deux endroits en même temps ? »

Il grimpe l'escalier et dit : « Je suis en haut. »
Puis il dévale l'escalier et constate : « Je suis en bas. »
Hulul escalade et dégringole l'escalier de plus en plus vite. Il crie :
« Hulul, es-tu en bas ? »
Pas de réponse. Alors, il dit : « Non, je ne suis pas en bas, puisque je suis en haut. Je ne cours pas assez vite. » Puis il crie : « Hulul, es-tu en haut ? »
Pas de réponse. Alors, il dit : « Non, je ne suis pas en haut puisque je suis en bas. Il faut que je coure encore plus vite. Plus vite ! plus vite encore ! » s'écrie Hulul.

Toute la soirée, il court de l'étage au rez-de-chaussée, et du rez-de-chaussée à l'étage. Mais il ne peut arriver à être dans les deux endroits en même temps.

« Quand je suis en haut », constate-t-il, « je ne suis pas en bas ; et quand je suis en bas, je ne suis pas en haut. Mais je sais bien aussi que je suis très fatigué ! »

Et il s'assied sur la dixième marche, car elle est exactement au milieu de l'escalier, entre le rez-de-chaussée et l'étage.

Hulul et la lune

Une nuit, Hulul descendit au bord de la mer. Assis sur un gros rocher, il regarda les vagues à ses pieds. Tout était sombre. Soudain, une partie de la lune s'éleva au-dessus de la mer, à l'horizon. Hulul ne la quitta pas des yeux. Elle monta de plus en plus haut dans le ciel. Bientôt la lune ronde brilla tout entière. Et, assis sur son rocher, Hulul resta longtemps à la regarder.

« Si je te regarde, Lune, toi aussi tu dois me regarder. Et nous serons tous deux de très bons amis. »

Naturellement, la lune ne répondit rien. Mais Hulul continua :
« Je reviendrai, Lune, car je veux te revoir, mais maintenant je dois rentrer. »
Et il descendit de son rocher, en regardant le ciel.
La lune était là, paisible. Elle le suivait.
« Non, non, Lune », dit Hulul, « c'est gentil de ta part d'éclairer mon chemin. Mais il faut que tu restes au-dessus de la mer, où tu es si belle à voir. »

Et puis, il reprit sa marche en regardant encore au ciel. La lune s'y trouvait et semblait l'accompagner.
« Charmante Lune », dit Hulul, « tu ne peux vraiment pas venir avec moi à la maison. C'est petit chez moi : tu ne passerais pas par la porte et je n'ai rien à te donner pour ton souper. »
Hulul continua à marcher. La lune voguait derrière lui, sur la cime des arbres.

« Lune », dit Hulul, « je pense que tu ne dois pas m'entendre. »
Il grimpa au sommet d'une colline et cria aussi fort qu'il put : « Au revoir, Lune ! »

La lune disparut derrière les nuages.
Hulul regarda et regarda, la lune était partie.
« C'est toujours bien triste », dit-il, « de se séparer d'un ami ! »
Il revint chez lui, passa son pyjama et alla se coucher. La chambre était très sombre. Hulul ne disait rien et se sentait tout triste.
Soudain, la chambre fut remplie d'une lumière argentée. Hulul regarda par la fenêtre : la lune sortait de derrière les nuages.

« Lune », dit Hulul, « tu m'as suivi sur tout mon chemin de retour. Tu es un excellent ami ! »
Hulul, alors, posa sa tête sur l'oreiller, et ferma les yeux. Par la fenêtre, la lune éclairait la chambre, et Hulul pensait que tout était très bien ainsi.